달팽이가 그어놓은 작은 점선

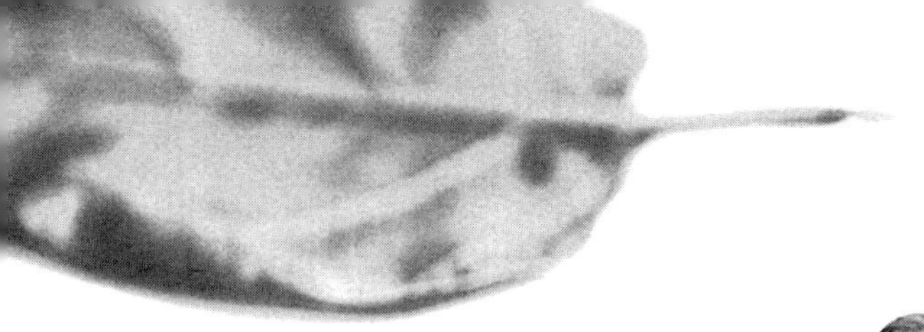

달팽이가 그어놓은 작은 점선

김경년 시집

도서출판 답게

|시인의 말|

써 놓은 지 오래되어 먼지가 잔뜩 쌓인 졸시 몇 편을 모아 세상에 내어 놓으려니 두려움과 부끄러움이 앞선다. 사람이 태어나 삶을 완성하려면 적어도 나무 한 그루를 심고, 아들 하나를 두며, 책 한권은 써야 한다고 어느 시인은 말했다는데 이제야 생전에 시집을 하나 내게 되는 것 같다.

1960년대, 멋모르고 고향을 떠나 유학의 길에 오른 것이 어언 43년. 거대한 미국이란 나라의 이방인생활은 날이면 날마다 "자아의 정체성"에 대한 의문을 던져 주었고 그것은 존재와 삶에 대한 끊임없는 성찰로 이어졌다. 이 고독한 과정에서 나는 나와의 대화를 시작했고 그 대화들은 의식의 저변에 맴도는 언어가 되어 때로는 샘물처럼, 때로는 고름처럼 흘러나왔다.. 시간과 장소의 구별 없이, 버스 안에서, 부엌의 조리대 위에서, 교실에서, 길에서, 버스정류장에서.... 나는 다만 그 모든 들려오는 (“달려오는”이 더 정확한 표현인가?) 소리를 받아쓰는 것 뿐이다. 거짓 없이, 치장 없이, 어기지 않고, 충실하게 받아쓰는 것이다. 마치 달팽이가 온몸을 움직여 시멘트 보도 위에 가느다란 점선을 그어 놓듯이.

나는 모국어의 안식처를 가졌음에 감사한다. 가장 은밀하고 오묘한 의미의 세계를 가능케 해 주는 내 의식이 말, 경외심을 가지고 사랑하고 싶다. 나와 같은 언어를 나눌 수 있는 모두에게 이 작은 글들을 삼가 바친다.

끝으로 나의 졸시를 처음으로 보시고 추천해 주신 서울대학의 권영민 교수님, 1994년 심상지에 신작 시를 실어주신 박동규 사장님, 초고를 읽고 손을 봐 준 문정희 시인님, 김종회 교수님, 해설을 써주신 고려대학의 고형진 교수님, 그리고 답게 출판사의 장소님 사장님, 편집진 여러분께 심심한 사의를 표한다.

2010년 2월 버클리에서

김경년

차 례

제1부
연초록 새싹이 애기손처럼

달팽이 15
예전엔 미처 몰랐어요(소월풍으로) 16
청바지 17
할머니 말씀 18
글짓기 20
한 번에 한 가지 생각만 21
한국어 22
여러 말 23
어둠 24
파라독스 25
얼굴 27
고사 29
낱말의 뜻 31
얘들아 34
거짓 36

시를 생각하지 않을 때 38
되우 40
젊은 날 42
삶 44
빈손 —고은의 시를 보고 46
영생永生 48
지금 49
날마다 52
오만 54
버클리 교정 55
부활절 56

제2부

헌집 주께 새집 다구

나무 1 58

나무 2 60

느릅나무 61

Cedar Deodara(향나무) 62

겨울 나무 64

나이테 65

가난한 나라 66

두껍아, 두껍아 68

바가지 71

표주박 73

고향 75

겨울 장마 77

목석木石 79

무거움 80

비 81

사랑 82

제3부

백제인이었기에

우리는 왜 1 86
우리는 왜 2 87
맥켄지 강 89
가나다라 타령 1 91
가나다라 타령 2 93
그 녀女 94
너와 나 95
중생衆生 96
우린 모두 97
시인詩人 98
시심詩心 99
소월素月의 시신詩神 100
가슴 속에 흐르는 물 101
시詩는 못 감추겠네 102
시詩는 못 속이겠네 103
성지聖地 104

윤석중 105
친구 106
정원사 107
J. B. 109
빠리 111
아하! 이제는 113
피난 길 115
백제인 117
오늘의 기도 119

해설 | 고형진 120

제1부

연초록 새싹이 애기손처럼

달팽이

달팽이는
동그란 집을
등에 지고
길쭉하고
물렁한
온몸을
움직여
길가에
끈끈한
체액體液으로
끊어질 듯
말듯
가느다란
선線을
그어 놓는다
그가 지나간
자욱을

예전엔 미처 몰랐어요(소월풍으로)

예전엔 미처 몰랐어요
옛 사람들이 이처럼 그리울 줄을

예전엔 미처 몰랐어요
내 고향이 이처럼 좋은 곳인 줄을

예전엔 미처 몰랐어요
내 나라의 흙냄새가 이처럼 귀한 것을

예전엔 미처 몰랐어요
비좁은 길거리를 밀려 걷는 이 즐거움을

예전엔 미처 몰랐어요
메말라진 가슴에 물이 고임을

예전엔 미처 몰랐어요
김소월의 그리움을

아아, 예전엔 미처
몰랐어요

청바지

다리가 길어지는 방법은 없나?
이 청바지를 줄이지 않고
입는 방법은 없나?

미국 사람은 싱겁게 다리만 길다
땅바닥에 가까이 사는
우리는
다리가 짧어요
잘 달리지는 못해도
넘어지지 않는다우

청바지 다리가
한없이 길다

할머니 말씀

우리는 왜 이토록
괴로움을 겪는 것일까?

하나님이 벌을 주시는 것일까?

할머니 말씀대로
전생에 죄가
많아서일까?

언젠가 대학 때
외국인 선교사가
하나님이 우리에게
고통을 주시는 것은
우리로 하여금 더욱더
완전한 사랑을 알게
하기 위함이라나?
그럴듯하게 들리지만
알아듣기 어려운 말

부富를 알기 위해
가난해야 한다면
차라리 나는
부富를 몰라도 좋으니
가난하지 않았으면

기쁨을 알기 위해
괴로움을 겪어야 한다면
차라리 나는
기쁨을 몰라도 좋으니
괴로움을 겪지 않았으면

글짓기

늦게 배운
도둑질에
밤새는 줄
모른다고

늦게 배운
글짓기에
날 밝는 줄
모릅니다

수평선과
수직선이
만나는 곳에
지금 나는
서 있습니다

그 모든 사람과
하나 되는 곳

한 번에 한 가지 생각만

한 번에 한 가지 생각만 할 수 있다면
얼마나 좋겠어요?

한 번에 한 가지 일만 할 수 있다면
그 얼마나 모든 것이 잘되겠어요?

한 번에 한 가지 말만 들을 수 있다면
그 얼마나 마음이 편하겠어요?

한 번에 한 사람만 사랑할 수 있다면
그 얼마나 행복하겠어요?

한 번에 한 가지 생각만 할 수 있다면

한국어

한국어는 참 희한하다

외로움과 괴로움이 운이 맞고

슬픔과 기쁨도 운이 맞는다

반가움은 즐거움과 잘 맞고

두려움은 어려움과 잘 맞는다

여러 말

여러 말을 하고 싶지 않기 때문에
나는 소설 대신 시를 쓴다

사실화보다는 추상화가 좋고
수다 떠는 여자보다는 과묵한 아낙네가,
웅변가보다는 사색을 즐기는 명상의 사람이 좋다

가구가 많고 장식을 많이 한 집보다,
아무것도 없는 집이 더 마음에 든다

큰 잔칫집보다는 조용한 절간이
떠들썩한 장거리보다는 조그만 가게가
휘황찬란한 호텔의 무도실 보다는
아늑한 여관 방이
마음이 편하다

어둠

어둠 속에서
모든 것은 뚜렷해진다

밝음은 오직
눈을 멀게 할 뿐

파라독스

사랑을 주어 봐야
받을 줄 알게 되고

자기 자신을 버려야
자신을 찾게 됩니다

늙어 봐야
젊음의 아름다움을 보게 되고

아퍼 봐야
건강이 좋은 것임을 알게 됩니다

죽어 봐야
소생하게 되고
한 알의 밀알이
썩어야
새싹이 납니다

알고 나면
그다지 어려운 것도
아니건만
알기가 그토록 어렵습니다

왜냐하면 그것은
아무도 가르쳐 줄 수 없고
각자가 살아서
배우는
경험이기 때문입니다

얼굴

귀가 커서 남의 말을
잘 듣는다고
어려서는 꾸지람깨나
듣곤 했지요

얼굴이 남보다
까맣다고
볶은 콩자반이라는
별명도 들었지요

멋없이 큰 귀를
가려 보려고
애꿎은 단발머리를
무척이나 잡아 다렸지요

그 언젠가 단 한번
남의 말 듣지 않고
마음대로 했더니

그건 또 아주 큰
죄이었지요

이제는 뻘쭉한 큰 귀도
가리지 않고
까만 얼굴도 상관 안 해요

얼굴에 그득한 주름과
성성한 흰 머리가
내게 가득한
흉 거리를
가만히 가려주고
있으니까요

고사

할머니는
떡시루를 사방에 들고 다니며
손바닥이 닳도록 비비고
무슨 읍시사를 중얼중얼 외우며
허리 굽혀 절을 했었다

문간에, 문지방에,
마당에, 장독대에,
부엌에, 다락에,
곳곳에 대감들
삼신할머니 모두

김이 무럭무럭 오르는
팥고물 무시루떡
호박오가리 찰떡
대추, 밤
검은 콩,
붉은 팥을 켜켜에 두고

찌어낸 떡

한바탕 대감들이 먹고 나면
다음엔 잘라서 목판에 담아
앞집 옆집 뒷집으로 들고 가면

동네 아주머니가
"너희 집, 또 고사 지냈구나!"

그땐 그리도 창피했건만
이제는 알 듯도 하다

사방에 빌고
절하시던 할머니 마음

낱말의 뜻

초등학교 삼사학년 때부터이었던가?
선생님은 언제나
국어시간에
모르는 낱말엔
밑줄을 긋고
그 뜻을 알아 오라고
숙제를 주셨었다

어머니 아버지께
여쭈어 보거나
사전에서 찾아
그 뜻을 알아 오라고

허구 헌 날 그놈의
낱말의 뜻
찾느라 적느라 외우느라
얼마나 많은 시간과 노력을
헛되이 보냈던가

낱말의 뜻

사전에 없는 낱말의 뜻

엄마아버지가 가르쳐 주지 않은
외로움
괴로움
그리움

이 모든 낱말의 뜻
홀로
깨우치고
뉘우치느라
생은 덧없이
지나가고

어느 날
조그만

땅속에
묻혀
웃으리라

내 한평생
낱말의 뜻
배우느라
이 많은
댓가를
치렀노라고

애들아

"바닷물 색이 저렇게 여러 가지 색으로
시기 각각 달라지는 것을 이제야 봤어요."
샌프란시스코 만灣이 바라다보이는 관망 좋은 곳에
머무르던 한 방문교수 사모님의
솔직한 고백

밴 고흐는 하늘이 노랗다고 했다지 않았던가?

벽돌담은 빨강
나무는 초록
하늘은 파랑
땅은 갈색

그런 그림을 그려간 나에게
선생님은 이런 그림은 미술의 대가만이 그리는 그림이라고 애들아, 저 나무를 보아라. 몇 가지 색깔이 보이지?

거짓

나는 거짓으로 살고 있다
슬퍼도 기쁘다 하고
괴로워도 즐겁다 한다

몰라도 안다 하고
알아도 모른 척한다

사랑도 아니라 하고
미움도 없다 하며
나는 온통 거짓투성이
가짜로 살고 있다

분노에 가슴이 들끓고
굴욕으로 고개가 숙으러 져도
표정없는 얼굴에
모든 것을 가리고
숨기며 산다

거짓의 인생
헛된 삶

모래 속에 머리 박은 타조처럼
현실에 눈을 감고 외면하다가
오직 한 줄기
시詩 앞에서
머리 들고 다시 한번
똑바로 본다

시를 생각하지 않을 때

이 세상에 억지로 되는 일은 없다
억지로 음악이 나오지 않고
억지로 그림이 그려지지 않는다

억지로 글이 써지지 않고
억지로 시가 나오지 않는다

시를 생각하지 않을 때
시가 흘러나오고

기대를 하지 않을 때
성공의 기쁨을 알게 되고
욕망이 크지 않아야
만족의 즐거움을 알게 된다

위선이 없어야
진실을 보게 되고
체면을 잃어야
존엄을 발견하게 된다

오만이 없어야
겸허의 힘을 얻게 되고
아집을 버려야
진정한 평화가 있다

되우

겨울 지낸 머리가
더부룩하기에
시장 옆 미용실을 찾아갔더니
싸악 싹 자르고
스트레이트 파마란 걸
해 주었다

집에 오니 남편이
꼬불거리지 않아 잘했다 하고
딸아이는 아시아인 같아
좋다 하고
옆집 아줌마 십 년은
젊어 보인다고

학교 가니 학생들이
선생님 멋있다 하고
서울서 오신 교수님
소녀 같다고...

거, 참, 진작 자를 거지
그동안 내 머리 꼴
되우 사나웠던 모양이야
보는 사람마다 한 마디씩
하는 걸 보면

젊은 날

조막만 한 얼굴이
팽팽해
가슴마저
팽팽하던 시절

바늘로 찔러도
피 한 방울
안 나오겠다던
자신만만하던 시절

하나에 하나
더하면
꼭 둘만 되었지
셋, 넷, 혹은 다시 하나가
될 수도 있다는 것은
상상도 못하고
믿지 않던 날

고집 세고
어리석고
세상 물정 모르던
시절

버나드 쇼오가 그랬다던가
"젊음은 젊은이에게 헛되이 주어진다."라고

그 흔하던 젊은 날
다 지나가 버리고
이제 한 시時가 귀한
나의 늙은 날

윤기 없고 주글주글한
이 살갗도
어쩐지 오래오래
간직하고 싶은 심정

그립고도 미운
젊은 날

삶

삶이 나에게
칼을 들고 덤비면
나는 물이 되어
천만번 버혀지고

삶이 나에게
불을 들고 달려오면
나는 돌이 되어
잿더미 속에
홋홋이
앉아 있으리라

삶의 예리한 화살이
수없이 날아오면

나는 지푸라기 허수아비 되어
온몸에 화살을 맞고

바늘 꽂힌 제웅처럼
일 년 열두 달
액땜을
하고 있으리라

빈 손
– 고은의 시를 보고

우리가 모두 태어날 때
빈손으로 태어나고
우리가 모두 죽어 갈 때
빈손으로 간다는 것은
그 얼마나 완벽한 공정함인가?

이십, 삼십, 칠십, 팔십
숫자가 달라서 불공평한가?

우리 삶의 진정한 의미를
생각해 본다면
숫자가 무슨 소용이 있고
양量이 무슨 소용이 있나?
먹으면 얼마를 먹고
입으면 얼마를 입고
싸 놓으면 얼마를 싸 놓겠소?

지나가는 나그네

짐이 가벼울수록 좋다네

먹을 만큼만 먹고
입을 만큼만 입고
싸놓을 만큼만 싸 놓으시오
못 다 먹을 건 배고픈 이 주고
못 다 입을 건 헐벗은 이 주고
못 다 쌓아 놓을 건 내다 놓읍시다
구석구석에 처박아 놓지 말고

어느 날 빈손으로 먼 길을
갈 때
홀가분히 가도록

영생永生

나는 영생永生이란 말을
믿기가 어렵지 않다

사람은 나서
살다가 죽어 지는 것,
죽어 없어지는 것이라고
하지만

나는
죽어 남는 사람을
숫해
보았다

지금

지금
나는 전생前生과
내생來生이
만나는 곳에
있습니다

조금 전前은
전생前生이고
조금 후後는
내생來生이
아닙니까?

지금은
과거와
미래를
연결 짓는
하나의 점입니다

철로鐵路 위를 달려가는
기차처럼
지나온 길은
전생前生
앞으로 갈 길은
내생來生입니다

그러나 한 순간순간
기차가 움직이는 순간,
그것은 곧 지금이지요

지나온 길도
수많은 지금으로
이루어졌고
지나갈 길도
수많은 지금으로
이어져 있습니다

지금 나는 과거와
미래가 만나는 곳에
십자가처럼 잠시
서 있습니다

날마다

날마다 나는 조금씩 죽어 가고 있습니다
자궁은 더 이상 애기를 잉태할 수 없고
뇌 세포는 날마다 몇 천 개 씩
파괴되어 갑니다

내일에 대한 설계보다는
몇십 년 전 있었던 일들을
반추하는 작업으로 그득 차 있습니다

반 컵의 물을 보고 컵이
반 차 있다고 보려 하지만
어쩐지 그 반 컵의 물이
줄어 내려가는 듯한 안타까움

이제는 틀림없이 막다른 길
한길밖에 없습니다
죽어 가는 길

날마다 살아 있음을
감사하고 기뻐하려 하지만

어쩐지 내 몸의
모든 액체는 발바닥으로,
아래로만 내려가는 듯한,
그래서 키도 더 작아지고
얼굴도 아래로 쳐지고
뱃가죽도 늘어지는
하향성 육신, 하향성 정신,
하, 하, 하

삶은 나에게서
삶을 앗아갑니다
날마다

오만

오만은 우둔에서 나옵니다

우물 안 개고리 이야기를 아시지요?

우물 밖 세상에는
나는 새도
달리는 말도
힘센 소도
사나운 사자도
무서운 호랑이도
있다는 것을

개고리는 모르고
우물 안에서
저 혼자 잘난 줄 알지요

버클리 교정

설날이 엊그젠데
벌써 삼월三月이다

앙상했던 나뭇가지에
봄물이 오르고
연초록 새싹이 애기 손처럼
돋아 나온다

한 해의 자람을 조경원의 톱날에 모두 잃어
맨주먹 불끈 쥐고 겨우내 서 있던 플라타나스,
웅그린 가지 끝에
새 잎이 난다

화창한 날씨에 따스한
햇살,
버클리 교정에
봄이 왔다

부활절

노랗던 잔디가
파랗게 솟아나고
말랐던 나뭇가지
새순이 돋는다

죽었던 나의 영혼
다시 살아나
부활절을 맞네

긴 겨울의 잠을 깨고
봄은 우리 모두를
소생시킨다

제2부

헌 집 주께 새 집 다구

나무 1

나는 나무의 초연함이
좋다
가난한 동네의
불탄 집,
지붕이 나가고
그슬린 벽돌 담만이
검정 재를 둘러싸고
무너진 하이웨이
철근이 심줄처럼
노출되고
일그러진 육교

손 안 본 게토의
헌 집들 가운데서
초연히 녹색의 잎을
드리우고 서 있는
아름
다움

오직 나무만이
그럴 수 있다

나무 2

밤새도록 폭풍이 불더니
집 앞 나무에 단풍잎이 다 떨어졌다

앙상한 가지마다
방울이 주렁주렁,
마치 아이들이
엉성하게 걸어 놓던
크리스마스 장식처럼
나무 위 가지 사이에는
검은 뭉치 새 둥우리가 하나, 둘
아무도 모르게 보듬고
감싸 온
새鳥가족의 보금자리

내 마음 한그루 나무 되어
어떤 새鳥가족이 보금자리를
지어 주었으면

느릅 나무

앙상한 나뭇가지들이
얼기설기 뻗어
연한 겨울 하늘

나뭇잎 하나 매달리지 않은
느릅나무
그 높은 곳에
새 둥우리 하나
있네

그 무성하던
초록색 잎새들
여름의 윤기를
누리며
새 둥우리
한 가족을
보듬어 주었네

Cedar Deodara(향나무)

천의 가지를
늘어뜨리고
천손 부처처럼
어루만진다
우리의 모든 아픈 곳을

조금도
자세를 흐뜨리지 않고
섬섬옥수
나뭇가지
바람에 흔들린다

발레리나의
우아한 손목처럼

이름도 아름다운
Cedar Deodara*

* deodara는 deodar의 라틴어.
산스크릿트 devadāru "신성한 나무"에서 나온 명사.
히말라야가 원산지. 한국에서는 제사 때에 이 향나무를
피워 제례장소를 정화 시킨다.

겨울 나무

잎이 모두 떨어진
겨울 나무 가장 속 가지에
새둥지 둘이 보인다

조갑지 속에 진주처럼
보듬었던
새 둥우리

다시 태어난다면
나무가 될 거다

그리고 내 마음 가장 깊은 곳에
새들이 둥우리를 짓고
조잘조잘
재미있게 살 거다

나이테

나무를 자르면 그 나무가
얼마나 오래 자란 나무인가를
보여주는 나이테가 있다

빨리 자라고 많이 자라
두텁지만 엉성한
여름 철의 성장
그리고 작지만 단단한
겨울의 성장

동그라미들을 헤아려 보면
그 나무가 몇 년을 어떻게 자랐는지
알 수 있게 된다

생명이 다해 끊어지는 날
우리의 나이테는 어떤 모습을 할까?

잘려진 나무 그루터기를 지날 때마다
숙연히 떠오르는 질문

가난한 나라

아침마다 가르치러
가는 학교 길

디디는 걸음이
무거운 것은

가난한 나라에서
온 탓인가

교실에서 가르치는
한글,
한글은,
세계에서
가장 과학적인 글이라고,
과학적이라고,
말끝이 흐려짐은

내 조그맣고 가난한

나라에서 온 탓인가

미국에 한국인이
삼십만이라고,
삼십만 명이나 된다고

백百의 하나는
여기 있다고

아, 나는 무슨 망령으로
백중의 하나 되어
외국인外國人이 되었던가

가난한 나라의
백성인 탓인가

두껍아, 두껍아

두껍아, 두껍아
헌 집 주께
새 집 다구

두껍아, 두껍아
헌 집 주께
새 집 다구

왼손 둘을 같이 포개고
또닥 또닥
바른손으로는 모래를 쥐어
한 줌씩 또닥거린다

두껍아, 두껍아
헌 집 주께
새 집 다구

두껍아, 두껍아

헌 집 주께
새 집 다구

손목이 파묻혀
안 보일 때까지
모래가 판판하게 되면
살그머니 손을 움직여 본다

모래 위에 금이 가지 않으면
손을 빼고
새 집이 됐다

이 집은
앞문으로 들어가
뒷문으로 나오고
뒷문으로 들어가
앞문으로 나온다

지붕 하나에
문이 둘

이제 담을 든든히 쌓고
마당에 솔가지 나무를 심자

대문도 세우고 길도 내고
시내도 파자

두껍아, 두껍아
헌 집 주께 새 집 다구

두껍아 두껍아
헌 집 주께 새 집 다구

바가지

오늘도 뾰죽한
나의 한 모서리를
깎아내린다

둥그스럼한 바가지가 되려고

새로 시집 온 새댁이
흰 행주치마 두르고
저녁 쌀을 씻을 때
나는 커다란 바가지 되어
잔돌을 일어주고

건넛집 아줌마
물동이이고 갈 때는
항아리 위에 둥실 떠
출렁이는 물을 덮어주고

짓궂은 아이

양은 함지박에 엎어 놓고
등을 두드릴 때는
둥 둥 둥 물장구
소리 내리라

표주박

옆집 뒷마당 도토리나무
가지마다 새로 나온 잎들이
파랗게 비치는 날,
물끄러미 부엌 문 밖으로
내어다 보다
문득 비어 있는 새鳥 물그릇

커다란 물통을
들고나가 물그릇을
가득 채운다

오늘 하루 흥부처럼 착한 일
한 가지는 했네 하고
자못 흐뭇했다

빈 플라스틱 물통을
싱크대에 올려놓고
훗날 쓸 물을 틀어 다시 채우며

물을 아껴 써야

용왕님이 굽어보신다던
할머니 말씀
물이 흩어지지 않게
물통을 잡아 주어야지

할머니가 치마 속에 차시던 주머니 끈에는
언제나 조그만 은 표주박이 매달렸다
“할머니 그건 왜?”
“저승 가는 길에 물 떠 먹을라구.”

할머니 목 안 마르시지요?

고향

그리며 잊고
잊으며 그린다

좌충우돌 살덩어리들
좌충우돌 혼魂들

부딪치며
부닥뜨리며

괴롭히며
괴로워하며

붕붕거리는
분자들

불투명한 공기
뿌우연 열기 속에

유정 무정
다감
다심
좌충우돌
혼돈 속에

그리며 잊고
잊으며 그린다
고향

겨울 장마

오늘도 주룩주룩 떨어지는 비
지루한 겨울비
그리운 햇살이여

남태평양 한가운데
어느 섬에서
반짝이는 은빛 모래
벌거벗고 벌렁 누워
햇살이라도 받고 싶은 날
오, 지루한 겨울 장마
그리운 푸른 하늘

조회 시간 운동장에 줄지어 서서
교장 선생님의 쟁쟁한 음성이
귓전을 스치고
눈을 들어 쳐다보면
끝이 없이 깊어가던
푸른 하늘

작은 눈으로는 다 볼 수 없었던
그 하늘,
오늘은 유난히도 눈에 어린다

목석木石

목석이 되지 않으려고
비 오는 날 이끼처럼
가슴을 적시어 놓았었습니다

그러나 오늘날은
차라리
망치로 때려도
아프지 않고
발길에 차여도
자국 없는

막대기 하나,
돌멩이 하나가
오히려
부러운
심정
입니다

무거움

나는 여러 사람
모인 곳에
가기를
꺼린다

그 많은 체중과
입에서 나오는
김이

나를
억누르기
때문이다

비

하늘도 서러워 눈물 뿌리는 날
연초록 버드나무 가지들이
빗질 안 한 머리카락처럼
마구 흔들리고

뒤집힌 우산 살이
빗자루가 되어
길가에 나뒹그러졌다

바람타고 내리는 비는
이리저리 흩어지고
무거운 내 발걸음
더욱 산란케 하네

사랑

사람을 사랑한다는 것은
용서한다는 뜻입니다

우리는 모두 저마다
다르게 생겼고
아무도 완벽하다고는
할 수 없습니다
사실 완벽하다는 뜻도
잘 모릅니다

그러니까 우리가 누구를
사랑한다는 것은
그의 좋은 점 뿐만 아니라
그의 싫은 점도
받아들인다는 것입니다
그것은 곧 용서입니다

그리고 또 용서는 받는 것과 주는 것이

차이가 없습니다. 왜냐하면

용서하는 마음은 곧 용서로
가득 찬 마음이기 때문입니다

사랑과 매우 비슷합니다

사랑하는 사람은
온 세상을 사랑으로 보게 되고
미움으로 가득 찬 마음은
온 세상을 미움으로 봅니다

용서를 줄 수 있는 마음은
사랑하는 마음이고
용서를 받을 수 있는 마음도
사랑하는 마음입니다

제3부

백제인이었기에

〈1942년 나와 어머니, 사진을 모델로 한 목탄화〉

그림 | John D. Wentz

우리는 왜 1

우리는 왜 잊어야 할 것은
잊지 못하고
기억해야 할 것은
기억하지
못하는 것일까?

머리가 나빠서인가?
가슴이 뭉그러져서인가?

우리는 왜 2

우리는 왜 운 좋은 사람을
우러러보고
운 나쁜 사람은
얕잡아 보는 것일까?

운이 좋은 것도 잘나서이고
운이 나쁜 것도 못나서인가?

운이 나쁜 것도
억울한데
무시까지 당하다니
운이 좋은 사람이야
우러러보거나 말거나
무슨 상관이 있으리오 마는

제발 운 좋다고 거들거리지 말고
운 나쁘다고 얕잡아 보지 마오

운명의 여신은 알 수 없다오
언제 행운을 가져 오고
언제 불운을 가져 올지

맥켄지 강

쉴 새 없이 철철 흐르는 물
비취 빛 맑은 물이
여울지며 흐르네

저 많은 물이
다 어디서 와서
또 어디로 가는 것일까?

끊임없이 흘러가는
저 물, 물

하나님의 은혜같이
풍성한 선물

흘러라, 철철
끊임없이, 쉴 새 없이
내 눈 속에,
내 귀 속에,

내 영혼 속에,
모든 붉은 피가 푸른 물이 되도록
맑고 깊은 저 강물

가나다라 타령 1

가을에는 날씨가 좋습니다. 까치들이 나무 위에서 지저귑니다

나는 새들의 지저귀는 소리를 들으며 고향을 생각합니다

다른 나라에 사는 것은 외로운 일입니다. 따라서 나는 감상에 젖고 집을 그리워하게 됩니다

라디오에서 시끄러운 음악 소리가 들려 옵니다

마음속에 있는 말을 하고 싶지만 모두

바쁘기 때문에 친구를 만날 사이도 없습니다. 빠른 것은 세월인가 봅니다

사담 후쎄인은 왜 쿠웨이트로 쳐들어갔는지 모릅니다. 싸워 봐야 질 텐데요

아예 처음부터 그런 생각은 하지 말았어야 하는데,

자기도 모르게 그렇게 됐겠지요. 짜파게티라는 국수를 먹어 보셨어요? 그것은

차면 맛이 없습니다. 나는

카라 카랑한 목소리가 싫습니다. 참

타령도 많지요?

파란 하늘에 구름 한 점 없이 맑은 날, 왜 이렇게

하찮은 생각이 떠오르는지요

가나다라 타령 2

가을에는 하늘이 높아집니다. 까치가 울면 반가운 손님이 온다고 해요

나는 봄이 좋습니다

다 죽은 것 같던 나무에서 새싹이 돋아요. 따라서 꽃도 핍니다

라디오에서 아름다운 음악이 흘러나오면

마음은 먼 곳을 생각합니다. 아무리

바쁜 일이 많아도 꼭 편지하세요. 물에 빠진

사람을 구해 주면 보따리 내란 다는 우스운 속담이 있습니다. 싸우지 말고

아우를 잘 보아 주라고 일렀다

"**자**기 일은 자기가 알아서 하라." 짜파게티가 무엇인지 아세요?

차 한잔합시다

카메라를 메고 다니면 일본 사람 같애요. 버스를

타고 학교에 옵니다. 한국 음식에는

파가 꼭 들어가야 돼요

하루 종일 웃고 지냅시다. 하. 하. 하

그 녀女

그 녀女는 모든 것에
확신을 갖고 있다

언제나
옳은 일만 하고
씩씩하고 당당한
행동만 한다

잘못도 없고
약점도 없다

다만, 그 녀女는
굴욕의 외로움과
상처의 고통과
만남의 반가움과
헤어짐의 슬픔을
알려고 하지
않기 때문에

얼굴 없는 유령처럼
영혼 없는 괴물일 뿐

너 와 나

너와 나도 하나

죽음과 삶도 하나

기쁨과 슬픔도 하나

천재와 바보도 하나

모든 것이 하나

중생衆生

중생衆生은 괴로움이다
창안에 비추이는
흰 브라우스
푸른 앞치마의
젊은 웨이트레스
테이블에서 그릇을 집어들 때
그의 길게 늘어진
원주민식 구슬 귀걸이가
그렇고

흰 바지가 검은 페인트로 얼룩진
구부정한 일꾼
그의 급한 걸음걸이가
또한 그렇다

개미 한 마리와 다를 것이 무엇인가?
우리 모두의
눈물겨운 존재

우린 모두

우린 모두가
시인이다

가슴엔 슬픔을 담고
머리엔 혼을 지니고

노래 부르고
춤을 추고
느끼고
흐느끼고
너울너울
두 팔로
허공을 휘젓는다

시인詩人

시인은 어느 정도
이 세상을 떠나 있습니다

그의 귀는 어느
다른 목소리를 듣고

여기 앉아 있지만
가슴 속은 다른 세상에
살고 있습니다

깊은 트랜스에 걸린 사람처럼
시인은 다른 음악을
듣고 있습니다

시심詩心

가슴속 깊이 시심詩心이
용솟음쳐 오르면
다섯 자 세 치 온몸이
마구 달아오릅니다

입술이 더워지고
눈망울이 뜨거워
뺨은 어둠 속에 붉어지고
발끝과 손끝이
짜릿해 옵니다

아아, 뮤즈여

김 소월은 살았는가
박 인환은 살았는가
김 영랑은 살았는가

소월素月의 시신詩神

어느 무녀巫女에게는
남이南怡 장군의
신神이 내리고

나에게는
소월素月의 시신詩神이
내려

영변의 약산
진달래꽃이
어둠 속에서도 붉게 피고

불러도 대답 없는
이름이
나의 귀를 울린다

가슴 속에 흐르는 물

돌을 쥐어짜도
물 한 방울 나오지 않듯

아무리 머리를 쥐어짜도
시 한 방울 안 나온다

가슴 속에 흐르는 물이
있어야
사랑이 넘쳐 흐르고
시가 술술 나온다

시詩는 못 감추겠네

아무리 옷장 속에 감추어 놓아도
아무리 책갈피 속에 감추어 놓아도
아무리 가슴 속에 꼭꼭 숨겨 놓아도
저절로 비집고 기어 나오는
시는 정말 못 감추겠네

입던 옷 다 버리고
신던 신 다 버리고
못된 버릇 다 버리고
나쁜 심사 다 버리고
죄를 모두 씻어 버린다 해도

시는 못 버리겠네

왠지 정말 못 버리겠네

시詩는 못 속이겠네

못 본 척하려고
눈을 감아도
자꾸만 눈앞에
아른거리고

못 들은 척하려고
귀를 막아도
큰 소리로 외치며
뒤따라 오네

거짓말을 하려고
혀를 감아도
어느새 마음을
살 같이 꿰뚫어

줄줄 흐르네
선지 빛 붉은 피가

시詩는 정말 못 속이겠네

성지聖地

마음이 고요해지는 곳
성인聖人의 영혼으로 가득 찬 곳
두 손을 모아 눈을 감으면
아득한 조상의 넋이
주마등처럼 지나가다
다시 돌아와 소리 없는
큰 소리로 외치는 곳
내가 그대 안에 살아 있노라

윤석중

윤석중, 그는 천재다
모짜르트는 듣는 소리마다
음악이 되었다면
윤석중, 그는 느끼는
소리마다 시가 되었다

그는 보리 피리 속에
시가 들었음을 알고
고추, 담배 속에
시가 들었음을 알았나니

그의 감수성과 감성이
그의 율동과 언어가
저절로 흘러나온 시

진정코 한국의 시의 천재
그대 이름은 윤석중!
새싹이 나고 또 나리라
그의 시는 영원히 살리라

친구

어느 친구는 오다가다
길에서 만나고

어느 친구는 깊은 잠결
꿈속에서 만납니다

어느 친구는 기도 속에
만나자고 약속했고

어느 친구는 시詩 속에서만
만납니다

정원사

남잔지 여잔지
알 수 없는 그 사람

남자 키로는 중키
여자 키로는 큰 편일까?

뻣뻣한 다리
밋밋한 궁둥이
굴곡 없는 동체
또한 그렇다

꾹 눌러 쓴 등산모
커다란 군화
빛바랜 청바지
커다란 도구 자루
표정없는 얼굴
마디 굵은 거친 손
꽉 다문 그의 입은

돌부처가 흡사하다

남잔지 여잔지 모를 그 사람
그는 날마다
꽃을 가꾼다
이집저집을 돌아다니며

두어라, 남잔들 어떻고 여잔들 어떠리

J. B.

언제나 성실한 학생
두 학기를 지나도
결석 한번 지각 한 번 안 한 개근생

20대의 총각처럼 젊어 보이지만
그는 30대의 결혼한
아버지 학생

다른 급우들에겐
큰 형님 벌이다

일주에 30시간 일을 하고
집에 가면 세 애기의 아버지지만
얼굴엔 천진함이
가슴엔 한국에 대한 사랑이 있다

길에서 우연히 만났더니
선생님의 인내심에 감사한다나?

한국어를 계속 잘 배워
어느 날 내게 와서 한국말로
긴 애기를 하고 싶다며
허리 굽혀 절했다

소원이 이루어지기를 바란다며
맞절을 할 때
어쩐지 눈시울이 뜨거워졌다

빠리

처음 와 보는 이 도시가
낯설지 않은 것은
노트르담 사원의
우편엽서를 보았기 때문인가?

처음 타 보는 메트로가
익숙한 것은
전동차의 손잡이가
나지막이 달려서인가?

처음 걸어 보는 류 생 뻘 거리가
인사동 뒷골목처럼
아늑한 것은
길거리가 좁아서인가?

불어 회화, 문법, 작문
다 잊어버렸건만
지나가는 사람들의

말소리가 들리는 것은

열심히 외우던
동사 변형표의 덕분인가?

진작 이곳에 왔더라면
지금쯤 supermarché 점원의
신경질을 덜었을 것을....
아는 이 없다고
겁이 나서 못 왔던 곳
이렇게 고향처럼
느껴질 줄 알았더라면
왜 진작 못 왔을까?

아하! 이제는

아하, 이제는
마음대로 할 수 있는
세상을 찾았어요

마음대로 왔다 갔다
올라갔다 내려갔다
위로 아래로
동으로 서로

꿈에도 못 볼 사람
마음껏 보고
꿈에도 못 올릴 말
마음대로 하겠네

아하 이제는
마음대로 하겠네
그 누구도 모르는 혼자만의 세계
그 누구도 건드리지 않는 성지

그 안에서

마음대로
춤추고
노래하고
즐거우리라

그 안에서
마음대로
웃고
울고
슬퍼하리라

그 안에서
모든 괴로움을 잊고
가난을 잊고
마음이 평안平安하리라

거울같이 맑고
그림자 없는
그곳에서
죽지 않고 영원히
살리라

피난 길

하룻밤 새워 갈 수 없겠오
날은 어둡고
어린것들이
더 걷을 수가 없어....

방바닥이 그렇게 고마울 수가 있을까

엄마는 갓난 것 업고
할아버진 봉사손奉祀孫을 메고
그래도 난 고무 달린 운동화 짝이라도 있어
발톱이 시커멓게 죽을 때까지
걷고 걷고 또 걷고
비실비실
길가 오막살이
남의 집 문턱에
주저앉을 때까지

아, 오십 년 하고도 오 년 전

이제 할아버지 엄마 동생 다 떠나가 버리고
남아 있는 것은 기억의 상흔

반세기를 지나도 평화는 오지 않고
전쟁의 대결은 끝날 줄 모른다
이 무슨 역사의 괴팍함인가?

아직도 그치지 않는 우리의 피난 길
언제 어디에서 멈출 것인가?

역사여, 마음을 푸시고
진정한 자비를 베풀어 주시옵소서

백제인

어머니는
전라도 전주 출신
살갗이 가무스름하고
눈은 깊은 쌍꺼풀
눈빛이 유난히 반짝였다

여고시절엔 친구들과 의형제도 맺어
손목엔 파란 바늘 자국이 있었다

손재주가 좋아
떡 잘하고
시누이 시집갈 땐
깨끼저고리, 버선을 죽으로 짓고
글씨도 달필은 됐다

손님 오면 반기고
시앗 보면 돌아앉은
순수한 여인

시부모 공경하고
남편 하나만 믿고 살면
여자의 행복은
그뿐이라고 믿던

꾸밈없고
수단 없는
순박한 여인

그래도 흥이 나면
적벽가를 부를 줄 알던
풍류가 있었다

백제인
이었기에

오늘의 기도

하나님,
오늘 이 하루를 주심을 감사합니다
오늘 하루를 헛되이 보내지 않게 하옵소서
내 곁의 이웃과 하나 되게 하옵소서
세상 모든 사람들의 아픔을 나눌 수 있게 하옵소서
종이컵을 길가에 놓고 구걸하는 사람의
존귀함을 알아볼 수 있게 하옵소서
그래서 그들 앞을 지나칠 때
걸음을 멈추고 지갑을 열어
돈 한 잎을 그들의 손에
쥐어 줄 수 있도록
우리를 도와주시옵소서

| 해 설 |

동심의 언어로 인화된 흑백사진

고 형 진
(고려대 교수, 문학평론가)

내가 김경년 선생을 처음 만난 것은 2001년 여름부터 일 년간 미국 버클리 대학 방문학자로 체류할 때였다. 아주 오래전에 미국으로 건너간 그는 미국의 유서 깊은 명문인 그 대학을 졸업하고, 그곳에서 한국어를 가르치고 있었다. 영어와 한국어의 이중 언어를 완벽하게 구사하고 있는 그는 한국서 온 학자들이 그곳에서 세미나나 특강을 할 때면 단골 통역사로 나서곤 했다. 오랫동안 미국서 생활하였음에도 불구하고 모국어의 감수성을 잃지 않고 있었고, 거기에다 지혜와 재치까지 겸비하고 있어서 한국서 온 학자들의 다듬어지지 않은 언어나 유머까지도 매끄럽게 영어로 옮겨서 그의 이중 언어 구사솜씨에 감탄과 부러움을 느끼곤 했다.

난생처음 미국 땅을 밟으며 주어진 길지 않은 시간 동안 조금이라도 더 미국문화의 안팎을 알고자 열망했던 나는 그로부터 많은 것을 전해 듣고 배웠다. 미국서 생활하는 많은 한국인들이 의외로 한국의 정치에 대해 많은 관심을 가지고 있었던 것에 놀라고 실망했던 나는 정치보다는 한국의 문화에 대해, 미국의 문화에 대해, 그리고 한국과 미국문화의 차이와 공통점에 대해 차분히 늘어놓던 그의 말들이 아주 소중하게 와 닿았다.

아직도 잊혀 지지 않는 말 가운데 하나는, 다민족 국가인 미국의 개개인들이 각자 자신의 뿌리를 잃지 않으며 살고 있다는 것이다. 놀랄 정도로 잘 정돈된 도로와 집들, 울창한 숲과 넓은 잔디들, 평화와 여유가 흘러넘치는 가운데 어디서나 차분하게 늘어서 있는 질서정연한 줄의 행렬 등 미국의 외형적인 모습에 한 창 눈길이 가던 나에게 그의 말은 미국문화의 본질뿐만 아니라, 인간과 삶의 근원적인 문제를 새삼 돌아보는 계기가 되었다. 유럽서 건너와 미국의 상층부를 구성하고 있는 유럽계의 여러 민족들이 그들의 뿌리를 간직하고 있고, 명절 때면 자신의 원적인 유럽의 고향을 방문하기도 하면서 자신의 부모나 조상이 묻혀 있는 그곳의 문화와 역사를 되새기며 자랑스러워한다는 것이다.

그러면서 자신도 모국인 한국의 찬란한 문화와 역사가 있다는 것이 더 없이 자랑스럽고, 소중하게 간직하며 살고 있다는 말을 잊지 않았다. 뿐만 아니라 그는 모국어의 내밀한 속살까지도 고스란히 간직하고 있었다. 그의 내면에서 살아 숨 쉬는 한국의 문화와 역사는 한국어라는 모국어 속에 용해되어 아름답고 빛나는 수정으로 분출되고 있었다.

캘리포니아의 눈 부신 햇살과 유리처럼 투명한 대기가 창밖으로 내비치는 버클리 캠퍼스 인근 카페에서 나는 그가 그동안 써온 소중한 시들을 처음 접했다. 버클리 날씨는 더없이 쾌적하고 화려해서 나는 그곳에 있는 동안 줄곧 마음이 들썩였는데, 카페에 앉아 그의 시들을 읽는 순간만큼은 마음이 차분하게 가라앉으면서 그의 시적 언어 속으로 스며들어갔다. 그의 시들을 읽어 나가면서 버클리의 그 이국적 대기는 점차로 한국의 정겹고 따사로운 가을 햇볕처럼 변해가고 있었다. 그만큼 그의 시는 나를 강력하게 흡인했고, 자신의 뿌리인 모국의 원형적 체험이 백지 위에 아련하게 수놓아져 있었다. 역설적이게도 그의 시에서 우리는 잊혀가는 지난날의 애틋하고 순수했던 삶의 체험들이 재생되는 기쁨을 맛보게 된다.

두껍아 두껍아
헌 집 주께
새 집 다구

두껍아 두껍아
헌 집 주께
새 집 다구

(중략)

손목이 파묻혀
안 보일 때까지
모래가 판판하게 되면
살그머니 손을 움직여 본다

모래 위에 금이 가지 않으면
손을 빼고
새 집이 됐다

—「두껍아 두껍아」 부분

오늘날 도시의 아이들은 말할 것도 없고 시골 아이들에게도 잊혀진 이 소박하고 정겨운 흙장난이 미국서 생활하는 한 시인에 의해 부활하고 있다. 포근하고 부드러운 흙의 감촉과 흥겨우면서도

어딘가 애절한 느낌을 주는 선율이 어우러지며 유년시절의 허전한 시간을 즐겁게 채워 주었던 이 놀이에는 흙과 집에 대한 애착이라는 우리네 삶의 원형질이 내재되어 있다. 이제 그 흙장난은 모든 길이 포장되어 버린 도시적 삶 속에서, 그리고 아이들의 놀이가 마당에서 컴퓨터 공간으로 이동하면서 사라져 버리고 말았는데, 뜻밖에도 미국서 뿌리내리고 사는 한 시인의 시 속에서 새롭게 살아나고 있다.

그는 서문에서 자신의 시가 '자아의 정체성'에 대한 질문이라고 말하고 있다. 거대한 이민족의 나라에서 살고 있는 현재의 자아와 그 자아 속에 잠복해 있는 본질적 자아 사이의 교감과 대화가 바로 그의 시의 자양분이라고 할 수 있다. 그 교류는 거의 본능적이고 직정적이다. 그리하여 그의 시는 어떤 기교나 장식이 끼어들 겨를이 없다. 마치 낭만주의자들이 드러내는 감정의 자유로운 분출이나 내면정서의 주체할 수 없는 표출처럼 내면에 잠복해 있는 본질적 자아의 진솔한 감정이 그대로 흘러넘치고 있다.

'자아의 정체성'을 찾아가는 시인의 탐색은 민족의 울타리를 넘어 인간 존재의 근원에 대한 탐색으로까지 나아간다. 그의 시에 '나무'의 이미지가 빈번히 등장하는 것은 이와 무관하지 않다. 그는 '나무'의 모습에서 가장 이상적인 삶의 자세를 보고 있다. 그는 다시 태어나면 나무가 되어 나무에 깃든 새와 함께 조잘조잘 재미있게 살고 싶다고 말한다. 이 얼마나 순박하고 아름다운 삶의 소망인가?

저 멀리 이역 땅에서 씌어진 그의 시는 세상의 때가 묻지 않은 순박한 동심의 언어로 짜여져 있다. 그의 시 언어는 마치 오염된 세상으로부터 멀리 떨어진 어느 숲 속에서 오랫동안 고이 지내다가 세상 밖으로 나온 것 같은 느낌을 받는다. 영어 생활권에서 사는 시인의 언어 속에 우리말의 아름다움이 고스란히 간직되어 있는 것이다. 우리는 그 동심의 언어를 읽으며 잊혀진 지난 시절의 소중한 추억을 되새기고, 한국인의 뼛속 깊숙이 박혀있는 근원적인 생활인자를 돌아보게 된다.

시인의 자화상이 동심의 언어로 인화된 아름다운 시집의 출간을 축하드린다. 지난 시절의 애틋한 추억이 알알이 박혀 있는 이 흑백사진과도 같은 시집은 시인의 정체성을, 그리고 우리 모두의 정체성을 다시 한 번 차분히 돌아보는 소중한 앨범이 될 것이다.

|저서 및 출판|

1. College Korean(대학한국어) 공저. UC Press. 1993.
2. Sky, Wind, and Stars(하늘과 바람과 별과 시) 윤동주 시전집 공역. Asian Humanities Press. Fremont, CA 2003.
3. I Want to Hijack an Airplane(비행기 납치) 김승희 시선집 공역. Homa&SekeyBooks, Paramus, N.J 2004.
4. 딕테(Dictee). 차학경 원저, 김경년 번역. 어문각, 2004.
5. The Love of Dunhuang(둔황의 사랑). 윤후명 원저 공역. Cross-Cultrual Communications. Merrick, N.Y 2005.
6. 달걀 속의 생(Life Within An Egg) 김승희 시전집 한/영 이중언어판. 도서출판 답게, 2007.

|기타|

1. 심상(心象), 샌프란시스코 문학지(Ⅱ, Ⅲ), 샌프란시스코 펜문학 1호(2005), 2호(2006), 오륜(五倫), 한국일보, 중앙일보, The Seventh Quarry(Nos. 5, 6, 7) (Poetry Magazine from Swansea, Wales), 해외동포문학 : 재미한인 시(1권) Paterson Literary Review(#37)등에 시, 수필 다수 발표

2. 1992년 3월 20일 감사패, 엘에이 한미교육위원회
3. 1996년 12월 7일 "The Korea Times 번역문학상" 시부분 Top Prize 수상
4. 2004년 10월 9일 "한글 발전 유공자 표창(국무총리 표창)" 수여
5. 2006년 11월 2일 "제39회 펜 번역문학상" 수상
6. 2008년 12월 3일 대한민국 국민훈장 동백장 수훈

|커뮤니티 서비스|

1. 동양인 정신건강센터(Asian Community Mental Health Service, Oakland, CA) 이사 역임(1990~94)
2. 대한민국 민주평화통일자문회의 자문위원 역임(1997~2004, 2007~현재)
3. 샌프란시스코 국제펜클럽 회원(현재)
4. 미국 한국어 교사 협의회 창립회원(AATK)
5. 세계한민족여성네트워크 제1차 북가주 대표(현 북가주 지부회원)

달팽이가 그어놓은 작은 점선

지은이 | 김경년
펴낸이 | 一庚 張少任
펴낸곳 | 도서출판 답게

초판 인쇄 | 2010년 4월 25일
초판 발행 | 2010년 4월 30일

등록 | 1990년 2월 28일, 제21-140호
주소 | 143-838 서울시 광진구 군자동 469-10
전화 | (편집)02-462-0464, 463-0464
(영업)02-469-0464, 498-0464
팩스 | 02-498-0463

홈페이지 | www.dapgae.co.kr
전자우편 | dapgae@korea.com

ISBN | 978-89-7574-241-5

* 책값은 뒤표지에 있습니다.
* 잘못 만들어진 책은 교환해 드립니다.